DIE LEGENDE VON BUDDHA UND DEN ZWÖLF GETREUEN

Buddha, der Erhabene, war bereit diese Erde zu verlassen. Einmal jedoch wollte er noch alle Tiere bei sich versammeln um von ihnen Abschied zu nehmen.
Die meisten waren freilich viel zu sehr mit sich und ihren Tagesproblemen beschäftigt, also mit Jagen und Fressen, mit Buhlen und Schlafen. So kamen nicht mehr als zwölf Tiere zu Buddhas Abschiedsfest.
In großer Dankbarkeit machte der Erhabene diesen zwölf Getreuen ein wahrhaft edles Geschenk. Künftig sollten die Erdenjahre ihre Namen tragen – jedes Jahr den Namen eines treuen Tieres. Und die künftigen Menschen sollten all die Vorzüge und Schwächen, all die Kräfte und Charaktermerkmale des Tieres erhalten, in dessen Zeichen sie geboren würden...

Das chinesische Horoskop berechnet sich aus dem Mondkalender, den Elementen (Metall, Wasser, Holz, Feuer, Erde), die das jeweilige Jahr prägen, und anderen Daten.

23. Jan. 1928 – 7. Feb. 1940

1928	23. Jan. 1928	–	9. Feb. 1929	龍 Drache
1929	10. Feb. 1929	–	29. Jan. 1930	蛇 Schlange
1930	30. Jan. 1930	–	16. Feb. 1931	馬 Pferd
1931	17. Feb. 1931	–	5. Feb. 1932	羊 Ziege
1932	6. Feb. 1932	–	25. Jan. 1933	猴 Affe
1933	26. Jan. 1933	–	13. Feb. 1934	雞 Hahn
1934	14. Feb. 1934	–	3. Feb. 1935	狗 Hund
1935	4. Feb. 1935	–	23. Jan. 1936	猪 Schwein
1936	24. Jan. 1936	–	10. Feb. 1937	鼠 Ratte
1937	11. Feb. 1937	–	30. Jan. 1938	牛 Büffel
1938	31. Jan. 1938	–	18. Feb. 1939	虎 Tiger
1939	19. Feb. 1939	–	7. Feb. 1940	兔 Hase

8. Feb. 1940 – 26. Jan. 1952

1940	8. Feb. 1940	–	26. Jan. 1941	龍 Drache
1941	27. Jan. 1941	–	14. Feb. 1942	蛇 Schlange
1942	15. Feb. 1942	–	4. Feb. 1943	馬 Pferd
1943	5. Feb. 1943	–	24. Jan. 1944	羊 Ziege
1944	25. Jan. 1944	–	12. Feb. 1945	猴 Affe
1945	13. Feb. 1945	–	1. Feb. 1946	雞 Hahn
1946	2. Feb. 1946	–	21. Jan. 1947	狗 Hund
1947	22. Jan. 1947	–	9. Feb. 1948	猪 Schwein
1948	10. Feb. 1948	–	28. Jan. 1949	鼠 Ratte
1949	29. Jan. 1949	–	16. Feb. 1950	牛 Büffel
1950	17. Feb. 1950	–	5. Feb. 1951	虎 Tiger
1951	6. Feb. 1951	–	26. Jan. 1952	兔 Hase

Hanne Türk · Texte von Walter Müller

CHINESISCHES HOROSKOP

DER DRACHE

龍

NEUGEBAUER VERLAG

DRACHEN KÖNNEN...

...ständig fantasieren
...mächtig provozieren
...unheimlich imponieren
...durch ihren Glanz irritieren

...höher als alle in den Wolken schweben
...größenwahnsinnig werden

...die originellsten Feste geben
...für eine edle Sache ihr Leben opfern
...andere mit einem Blick durchschauen
...andere mit einem Wort überzeugen
...flirten, lieben, Abschied nehmen
...sagenhaftes Glück haben
...fabelhafte Ideen haben
...märchenhaft viele Fans haben
...herzhaft streiten

...arbeiten ohne müde zu werden
...Mitarbeiter maßlos überfordern
...locker Geld verdienen und ausgeben
...ganz schön damit angeben

...extrem egoistisch sein

DIE BALLADE VOM FABELHAFTEN DRACHEN

Der Drache ist echt unentbehrlich
(behauptet der Drache von sich)
er sagt, was er denkt, laut und ehrlich
und gibt sich bizarr und gefährlich…
er hat halt, sagt mancher, 'nen Stich!

Er schwebt immer hoch in den Lüften
und kämpft für die „große Idee"
umgibt sich mit edelsten Düften
ein Halbgott mit Swing in den Hüften
und trinkt Drachenblut statt Kaffee!

Wenn andere längst resignieren
dann zeigt er erst recht, was er kann
er kann aus dem Stegreif brillieren
ein himmlisches Lächeln spendieren…
man betet ihn aufrichtig an!

Der Drache, wenn ihr einen findet
beansprucht euch über Gebühr
und wenn er euch noch so arg schindet
und wie ein Phantom dann entschwindet
vergebt ihm – er kann nichts dafür!

Verschonen Sie Drachen mit unwichtigen Meldungen. So was bringt sie auf die Palme!

ANRUFBEANTWORTER DER FAMILIE DRACHE

„…Hallo Freunde und Feinde, hi, all ihr Bewunderer und Verehrer! Klar, dass wir nicht persönlich anwesend sind, schließlich haben wir wieder mal alle Hände voll zu tun und einen randvollen Terminkalender. Tja, erstens muss diese kranke Welt gerettet werden und zweitens natürlich durch uns. Und drittens geben wir im Moment eine diesbezügliche Pressekonferenz. Wenn ihr uns auf diesem unpersönlichen Wege eure Begeisterung und Zuneigung ausdrücken wollt, tut euch bloß keinen Zwang an und sprecht ausführlich, leidenschaftlich und respektvoll. Wenn ihr Autogramme braucht, wendet euch an den nächstgelegenen Fan-Club. Sollte es sich um eine edle Sache im Sinne der Weltrevolution handeln, dann könnt ihr mit uns rechnen! Sagt uns das Problem – wir liefern die Lösung umgehend! Nach dem Tusch!“

DER DRACHE UND SEINE ELEMENTE

METALL-DRACHE (1880 – 1940 – 2000): „Goldener Drache" – mutig, gerecht und ehrlich. Der energischste aller Drachen. Sucht die Gefahr, neigt zu Fanatismus!

WASSER-DRACHE (1892 – 1952 – 2012): Ausgeglichener, scharfsinniger, geduldiger, offener, weiser und toleranter als die anderen. – Interesse am Okkulten.

HOLZ-DRACHE (1904 – 1964 – 2024): Künstler und Erneuerer, Genie und Perfektionist. Ist weniger autoritär als die anderen; sogar zu Kompromissen bereit.

FEUER-DRACHE (1916 – 1976 – 2036): Gerechter Herrscher, radikaler Despot: zu beidem ist er fähig. – Kann die Welt retten oder sich alle zum Feind machen.

ERD-DRACHE (1868 – 1928 – 1988): Besonnen, realistisch, von bemerkenswerter Selbstbeherrschung. Hat alles im Griff und bleibt erstaunlich lang bei seinem Partner.

Eines sind alle Drachen: Sagenhafte Herzensbrecher!

DRACHEN KÖNNEN NICHT…

…nichts tun
…nichts sagenden Menschen zuhören
…aufhören zur rechten Zeit
…gehorchen

…leben ohne Glanz und Glimmer
…leben ohne Freund und Feind
…leben ohne Fun und Fan
…leben ohne im Mittelpunkt zu stehen

…an sich selbst zweifeln
…an andere Götter (neben sich) glauben
…an Spiegeln vorbeigehen ohne
hineinzuschauen

…unter ihrem Niveau glücklich sein

…gehen, wenn's spannend wird
…bleiben, wenn's langweilig geworden ist

…taktvoll reden
…taktisch klug agieren
…um Hilfe bitten

…mit den lächerlichen Dingen des Alltags
klarkommen

BERUFSBERATUNG
Was Drachen am besten können

Faulenzen – für den Drachen die unverzeihlichste Sünde in diesem Leben! Drachen tun immer was. Nicht unbedingt des Geldes wegen, sondern aus purer Schaffenslust.
Und weil sie sowieso in allem die Besten sind!

Drachen reisen für ihr Leben gerne. Ein Job in der Tourismus- und Verkehrsbranche wird sie glücklich machen: Reiseleiter, Reisebürobesitzer, Flugkapitän, Schiffssteward, Kreuzfahrt-Alleinunterhalter, Expeditionsorganisator, Zugbegleiter.

Drachen treten gerne auf. Die Show- und Kulturszene wird ihnen manche Erfüllung bringen: Popsänger, Theaterregisseur, Varietee-Tänzer, Talkmaster, TV-Programmchef.
Drachen schaffen gerne Neues. Man lasse sie schaffen: als Reformer, Krisenmanager, Florist, Architekt, Prophet, Parteiideologe, Kreativtrainer, Spieleerfinder, Haubenkoch.

Sportartikel-Tester – ein Traumberuf für den verwegenen, furchtlosen, stets an neuen Dingen interessierten Drachen.

Drachen passen einfach nicht in die üblichen Formate. Ideenreich, wie sie sind, finden sie immer eine Lösung.

DAS DRACHENKINDERLIED

Guten Abend, gute Nacht
hab 'ne Menge gemacht
hab 'ne Menge probiert –
und hat alles funktioniert!

Morgen früh, wenn ich will
steht die Kirchturmuhr still!
Wenn sie doch ticken sollt'…
hab ich einfach nicht gewollt!

Morgen früh, wirst schon seh'n
kommt der Club der schönsten Feen
blasen Hymnen auf dem Kamm…
dafür gibt's ein Autogramm!

Außerdem ist das Drachenkind: ein absoluter Frühaufsteher, frühreif in allen Belangen. Kein Wunder, wenn ein Wunderkind aus ihm werden sollte! Routine, Befehle und Vorschriften kann es nicht vertragen; weder von Eltern noch von Lehrern und Erziehern. Geht frühzeitig in die weite Welt hinein um sie sich nach eigenem Plan ganz neu zu erschaffen…

MODEBERATUNG

Drachendamen brauchen keine extravaganten Verkleidungen um unwiderstehlich zu wirken. Drachenherren benötigen weder Rüstung noch Smoking um diese Welt im Handstreich zu erobern. Drachen bezaubern ganz allein durch ihre Persönlichkeit, ihren Charme, ihr Lächeln und durch ihre unvergesslichen Sprüche. Mode ist für sie zweit- bis drittrangig!
Drachen müssen schreiten können, wippenden Fußes von einem Abenteuer zum anderen. Da wären eng taillierte Nobelmodelle fehl am Platz. Drachen brauchen große Gesten für große Taten: Luftige Gewänder von zweckmäßiger Eleganz sind genau das Richtige!

DER DRACHE UND SEINE HOBBYS

TV-Zappen, aus Kristallkelchen Wein trinken, Reisen, elektrische Eisenbahnen, ferngesteuerte Flugzeuge, komponieren, abstrakt malen, Drachen steigen lassen…

Locker und ungebunden durch die Gegend schlurfen – das beste Rezept gegen Nervenkrisen…

GESUNDHEITSBERATUNG
Was Drachen (nicht) gut tut…

Sie könnten älter als die anderen werden, Sie könnten allen Krankheiten trotzen wie ein edler Baum, Sie könnten Bäume ausreißen, während sich die anderen bestenfalls nach den Blättern bücken mögen.

Sie könnten das alles und noch viel mehr – wenn Sie ein bisschen mit Ihren Kräften haushalten würden! Aber nein: Sie erhitzen sich wegen Lächerlichkeiten, Sie arbeiten bis zum Umfallen, Sie riskieren Kopf und Kragen, Sie können keine Ruhe geben!

Ein Tipp in aller Güte: Loslassen, sich von Zeit zu Zeit raushalten, regelmäßiger futtern, öfter mal relaxen, nicht acht Stufen auf einmal nehmen – und nicht immer gleich in die Luft gehen!

Der Schüttelreim zum Tage:
Wenn Spott aus fremdem Rachen droht –
dann seh'n die frömmsten Drachen rot!

50 WELTBEKANNTE DRACHEN

MUSIK, THEATER, FILM:
Jean Gabin, John Lennon, Ringo Starr, Anthony Quinn, Kirk Douglas, Shirley Temple, Peter Finch, Sarah Bernhardt, Rimski-Korsakow, Stockhausen, Placido Domingo, Tom Jones, Bruce Lee, Frank Zappa, Joan Baez, Faye Dunaway, Gregory Peck, Margaret „Miss Marple" Rutherford, Eartha Kitt, Stanley Kubrick, Bing Crosby, Bob Hope, Count Basie, Wladimir Horowitz, Yehudi Menuhin

LITERATUR, MALEREI, WISSENSCHAFT:
Salvador Dalí, Isaac B. Singer, G. B. Shaw, Paul Claudel, Sigmund Freud, Friedrich Nietzsche, Honoré Daumier, Immanuel Kant, Charles Darwin, Pearl S. Buck, J. J. Rousseau, Novalis

POLITIK, GESELLSCHAFT, SPORT:
Martin Luther King, François Mitterrand, Ché Guevara, Deng Xiaoping, Jeanne d'Arc, J. Paul Getty, Friedrich der Große, Carl Benz, Jimmy Connors, Pelé, Michael Groß, Wilma „Gazelle" Rudolph, Johnny Weissmuller

Ein bisschen Dalí,
ein bisschen Lennon
und sehr viel Bonvivant:
der typische Drache!
Auch Philipp der Schöne war ein Drache!

Drachen können nicht anders: Sie müssen ständig mit ihren Zaubertricks imponieren…

WIE GEHT'S DENN DEM DRACHEN…

…im Jahr des 牛 **BÜFFELS** – 1997/2009:
Kopf oder Kragen nur selten riskieren
dann wird am Ende nichts Arges passieren!

…im Jahr des 虎 **TIGERS** – 1998/2010:
Von allen Seiten ein ätzender Druck…
Taktik wär besser als lautes „Hauruck!".

…im Jahr des 兔 **HASEN** – 1999/2011:
Nur so entspannen, relaxen und rasten
geht aufs Gewicht – also öfter mal fasten!

…im Jahr des 龍 **DRACHEN** – 2000/2012:
Gott, dieses Jahr läuft total fabelhaft! –
Sie schaffen alles, was sonst keiner schafft!

…im Jahr der 蛇 **SCHLANGE** – 2001/2013:
Wieder mal Zeit richtig runterzuschalten
immer nur Power bringt hässliche Falten!

…im Jahr des 馬 **PFERDES** – 2002/2014:
Ziemlicher Kummer mit Arbeit und Geld –
bitten Sie Freunde, so schwer es auch fällt!

…im Jahr der 羊 **ZIEGE** – 2003/2015:
Keine Probleme, es läuft von allein…
Glücksspiele könnten verhängnisvoll sein!

…im Jahr des 猴 **AFFEN** – 2004/2016:
Glanz und Triumphe und Ärger und Stress
bisschen besinnen – sonst droht ein Prozess!

…im Jahr des 雞 **HAHNES** – 2005/2017:
Was Sie auch planen, wird einfach famos
Lust oder Löhne… und immer was los!

…im Jahr des 狗 **HUNDES** – 2006/2018:
Eben noch muntere Sprünge gesprungen
plötzlich die simpelsten Dinge misslungen!

…im Jahr des 猪 **SCHWEINES** – 2007/2019:
Bleiben Sie ruhig, diskret und gelassen…
und nicht gleich alle Reserven verprassen!

…im Jahr der 鼠 **RATTE** – 2008/2020:
Goldener Regen und Glitterkonfetti –
Glück in der Liebe – Geschäfte: paletti!

Drachen haben die Kraft und die Begabung alle anderen von ihren genialen Ideen zu überzeugen – Hasen sind geeignete Opfer.

PARTNERSCHAFTSBERATUNG

鼠 **RATTE:** Drachen brauchen den großen Auftritt – und den ständigen Bewunderer an ihrer Seite. Ratten bewundern alles, was ihre Fabelpartner so treiben. Und räumen ihnen alle Hindernisse lächelnd aus dem Weg. Dafür fällt auch eine hübsche Dosis Drachenglanz auf die smarte Ratte!

牛 **BÜFFEL:** Maßhalten, darauf schwört der Büffel. Maßlos sein um jeden Preis, das will der Drache. Klingt nach Zank und blutigen Schrammen. Muss nicht sein! Büffel könnte sich am Feuer des Partners wärmen, Drache könnte an der Seite des Büffels Kraft tanken für aufregendere Zeiten.

虎 **TIGER:** Sie feuern sich gegenseitig an und schon geht's ab – mitten hinein in atemberaubendste Abenteuer. Der kühne Tiger, der ideenreiche Drache: zwei Heißsporne ohne Sinn für geregelte Tagesabläufe, Taktik und Etikette. Da keiner zurückstecken kann, fliegen dann und wann die Fetzen!

PARTNERSCHAFTSBERATUNG

兔 **HASE:** Geduld ist eine edle Sache. Und der feinsinnige Hase ist weiß Gott geduldig, sonst würde er diesen Angeber Drachen nie im Leben ertragen. Wenn er auch noch des Drachen scharfe Lieblingssuppe auftischt, dann schmilzt der Edelprotz wie Schnee in der Sonne dahin...

龍 **DRACHE:** Doppelter Glanz, doppelter Dickschädel! Drache will Drachen übertrumpfen. Beide fragen unentwegt das Spieglein, wer denn nun der Bessere sei. Und wehe, das Spieglein nennt justament den anderen. Dann gehen Glas und Partnerschaft zu Bruch. Mehr Leiden als Leidenschaft!

蛇 **SCHLANGE:** „Wie herrlich das wär, so ein anspruchsvolles Alltagsleben auf allerhöchstem Niveau", flötet die raffinierte Schlange und mobilisiert im Drachen die letzten Reserven. Genau die richtige Aufgabe für einen wie ihn! Und er wird nicht aufgeben, bevor seine Schlange total happy ist.

PARTNERSCHAFTSBERATUNG

马 **PFERD**: Irgendwie haben sie ein ähnliches Tempo drauf und interessieren sich auch für die gleichen Dinge. Musik zum Beispiel, sportliche Wettkämpfe. Aber dann muss sich das Pferd in den Vordergrund spielen, was dem Drachen total gegen den Strich geht. Am Schluss macht jeder, was er will.

羊 **ZIEGE**: Fantasie trifft Fantasie. Fast ein bisschen viel für ein einziges Pärchen. Findet der Drache, der keinen Konkurrenten, sondern einen aufrechten Fan für sein Alltagsleben braucht. Ziegen sind keine Schmusekatzen, das wurmt den Drachen und lässt ihn rasch die Koffer packen.

猴 **AFFE**: Zwei begnadete Größenwahnsinnige im grotesken Dauereinsatz! Da bleibt kein Auge trocken und die Schlagzeilen sind ihnen sicher. Wie armselig wären doch alle Partys ohne dieses dubiose Duo, wie unvollkommen wäre doch jeder von beiden ohne den kongenialen Bluff-Partner.

MOZART
BACH

PARTNERSCHAFTSBERATUNG

雞 **HAHN:** Was sich liebt, das neckt sich und die beiden könnten einander tatsächlich lieben, herzlich und über alle Animositäten hinweg. Und sich zwischendurch necken – damit nur ja keine Langeweile aufkommt! Beide, Hahn wie Drache, wollen bewundert werden. Tun sie's halt gegenseitig!

狗 **HUND:** Was für ein Kotzbrocken, denkt der Hund und zeigt dem Drachen die kalte Schulter. Aber da hat der Drache dem Hund schon längst die kalte Schulter gezeigt. So ein Langweiler! Falls sie doch zusammenbleiben, gegen jede Vernunft, liegen sich die zwei ständig in den Haaren.

猪 **SCHWEIN:** Es kann halt nicht anders, das gütige, herzliche, menschliche Schwein – nimmt dem Flatterdrachen die Probleme ab, umsorgt und bekocht ihn und verbindet auch noch die Wunden vom täglichen Imponier-Schaukampf. Drache nimmt sein Schwein dafür auf Exzess-Tour mit! Wow!

Drachen sind hinreißende Gastgeber. Ihre elendslangen Stegreif-Ansprachen sind bei hungrigen Festgästen freilich gefürchtet.

Rechtschreibung nach den neuen Regeln

Gesetzt wurde in der Nueva
Lithographie: Repro Fuchs, Salzburg
Printed in Belgium by PROOST
ISBN 3-85195-390-8

TYPISCHES ABSCHIEDSLIED AN EINEN TYPISCHEN DRACHEN

Dein Charme, dein Feuer, deine Pracht
dein Flair, dein Übermut –
das hat mich fast verrückt gemacht
mein Gott, wie warst du gut!

Du kanntest ehrlich kein Tabu
warst voller Geist und Glut
nach jeder Nummer sagtest du:
„Mein Gott, wie war ich gut!"

Du sonntest dich in deinem Glanz
…ich war nur Publikum!
Hör meine Liebesschlussbilanz:
„Mein Gott, wie war ich dumm!"

Kleiner Abschiedstipp an den Drachen:

Lach dir doch mal eine SCHLANGE an –
SCHLANGE ist nämlich als Nächstes dran!

Und dann: PFERD, ZIEGE, AFFE, HAHN,
HUND, SCHWEIN, RATTE, BÜFFEL,
TIGER, HASE, DRACHE…

27. Jan. 1952 – 12. Feb. 1964

1952	27. Jan. 1952	–	13. Feb. 1953	龍 Drache
1953	14. Feb. 1953	–	2. Feb. 1954	蛇 Schlange
1954	3. Feb. 1954	–	23. Jan. 1955	馬 Pferd
1955	24. Jan. 1955	–	11. Feb. 1956	羊 Ziege
1956	12. Feb. 1956	–	30. Jan. 1957	猴 Affe
1957	31. Jan. 1957	–	17. Feb. 1958	雞 Hahn
1958	18. Feb. 1958	–	7. Feb. 1959	狗 Hund
1959	8. Feb. 1959	–	27. Jan. 1960	猪 Schwein
1960	28. Jan. 1960	–	14. Feb. 1961	鼠 Ratte
1961	15. Feb. 1961	–	4. Feb. 1962	牛 Büffel
1962	5. Feb. 1962	–	24. Jan. 1963	虎 Tiger
1963	25. Jan. 1963	–	12. Feb. 1964	兔 Hase

13. Feb. 1964 – 30. Jan. 1976

1964	13. Feb. 1964	–	1. Feb. 1965	龍 Drache
1965	2. Feb. 1965	–	20. Jan. 1966	蛇 Schlange
1966	21. Jan. 1966	–	8. Feb. 1967	馬 Pferd
1967	9. Feb. 1967	–	29. Jan. 1968	羊 Ziege
1968	30. Jan. 1968	–	16. Feb. 1969	猴 Affe
1969	17. Feb. 1969	–	5. Feb. 1970	雞 Hahn
1970	6. Feb. 1970	–	26. Jan. 1971	狗 Hund
1971	27. Jan. 1971	–	14. Feb. 1972	猪 Schwein
1972	15. Feb. 1972	–	2. Feb. 1973	鼠 Ratte
1973	3. Feb. 1973	–	22. Jan. 1974	牛 Büffel
1974	23. Jan. 1974	–	10. Feb. 1975	虎 Tiger
1975	11. Feb. 1975	–	30. Jan. 1976	兔 Hase